Robert Hull

Donnervogel und Kojote

Deutsch von Martina Steinkühler

Die Deutsche Bibliothek – CIP-Einheitsaufnahme

Hull, Robert:
Donnervogel und Kojote / Robert Hull. Dt. von Martina
Steinkühler. – München : F. Schneider, 1995
ISBN 3-505-10194-X

© 1995 by Franz Schneider Verlag GmbH
Schleißheimer Straße 267, 80809 München
Alle Rechte vorbehalten
Titel der Originalausgabe:
NATIVE NORTH AMERICAN STORIES
Originalverlag:
1992 Wayland Ltd., Hove, Großbritannien
Übersetzung aus dem Englischen: Martina Steinkühler
Titelbild und Illustrationen:
Richard Hook / Claire Robinson
Umschlaggestaltung: Claudia Wolfrath
Lektorat: Susanne Härtel
Satz: Fibo-Lichtsatz GmbH, München
Druck: G. Canale & C.S.p.A., Turin
ISBN 3-505-10194-X

Inhalt

Einführung

Vor etwa 30 000 Jahren, vielleicht auch noch früher, zogen die ersten Männer, Frauen und Kinder von Sibirien über eine schmale Landbrücke in das Land, das heute Alaska heißt. Es war ein gefahrvolles Unternehmen. Sie wußten nicht, was sie erwartete. Sie wußten nicht, daß der Kontinent, den wir Amerika nennen, vor ihnen lag. Aber sie zogen los, und sie fanden eine neue Heimat.

Immer mehr Menschen zogen nach Alaska und ließen sich dort nieder. Und allmählich breiteten sich die wandernden Völker über Tausende von Kilometern über Berge, Ebenen und Flüsse aus und besiedelten schließlich alle Gegenden Nord- und Südamerikas.

Diese Menschen waren die Ureinwohner Amerikas. Es waren natürlich viele verschiedene Gruppen oder Volksstämme, und jedes Volk hatte seinen eigenen Namen: Schwarzfuß, Lakota, Sioux, Cree, Krähen, Navajo, Micmac, Irokesen, Susquehanna, Papago und viele andere, die alle ihre eigenen Sprachen und Traditionen hatten.

So verschieden die Gegenden waren, in denen diese Völker lebten, so verschieden waren auch ihre Lebensgewohnheiten, beispielsweise ihre Behausungen.

An der Nordwestküste hatten sie häufig geräumige, reich verzierte Häuser mit Totempfählen davor; die Inuit-Völker im hohen Norden bauten ihre Winterhäuser halb unter der Erde, oftmals mit Walknochen als Dachbalken. Im Sommer lebten sie in Zelten aus den Häuten von Seehunden oder Karibus. In den Wäldern des Ostens und rings um die Großen Seen lebten die Völker der Irokesen und Mohawks, die hauptsächlich

Bauern waren. Einige lebten in langen Holzhäusern, andere in Wigwams. Seit sie Pferde hatten, entwickelten sich die Menschen in der Prärie zu erfolgreichen Büffeljägern. Der Büffel gab ihnen Nahrung, Kleidung, Brennmaterial und sogar Unterkunft – denn sie lebten in Tipis, die aus kegelförmigen Stangenbündeln mit Büffelhaut-Bespannung bestanden und leicht transportiert werden konnten, wenn der Stamm den Büffelherden folgte. Im heißen Südwesten dagegen bauten die Indianer Häuser aus sonnengetrockneten Lehmziegeln, und in der Wüste lebten sie in Felsenwohnungen. Ganze Dörfer wurden in ausgehöhlte Felswände hineingebaut.

Ich male mir gerne aus, was wohl in all diesen verschiedenen Behausungen vor sich ging – besonders, wie sich die Menschen darin jahrhunderte- vielleicht jahrtausendelang Geschichten erzählten. Abend für Abend, wenn das Tagewerk getan war, begann in Tipi und Wigwam, in Holzhaus und Felsenwohnung das Geschichtenerzählen. Es wurde erzählt, nicht vorgelesen! Es gab keine Schriftsprache, und alles Wissen, das ein Stamm oder ein Volk brauchte, um zum Beispiel Arzneimittel herzustellen, wurde im Gedächtnis festgehalten, in Bildern festgehalten oder auch in die Muster von Stoffen gewebt. Mit den Geschichten war es genauso. Nicht in Büchern, sondern in den Köpfen der Menschen waren sie aufgezeichnet und wurden tausendfach erzählt und nacherzählt. Es gab unzählige Geschichten. Immer wieder wurden sie ergänzt, und neue kamen hinzu.

Natürlich wurden Geschichten von allen erzählt, es gab aber auch spezielle Geschichtenerzähler. Auf Zeichnungen der Völker im Südwesten sind sie mit Kindern abgebildet, die sich um sie drängten, ihnen auf dem Schoß saßen und über die Schultern schauten. Sie erzählten lustige Geschichten über die Streiche und Abenteuer von Kojote oder Hase, gruselige Geistergeschichten und Geschichten von Rabe oder der Sonne und wie sie die Erde erschufen. Geschichten von Biber und warum er einen dicken, flachen Schwanz hat, warum Wölfe Rehe jagen und warum zum Leben auch der Tod gehört. Und dann gab es da noch Geschichten, die so heilig waren, daß nur wenige Mitglieder eines Stammes sie kannten.

Für Kinder wie für Erwachsene war die Welt ein großes Buch voller Geschichten. Ein paar Seiten aus diesem Buch habe ich hier für euch aufgeschrieben.

Rabe

Unter den Inuit, den Eskimos im hohen Norden Amerikas, ist der Große Rabe die beliebteste Mythengestalt. Für sie ist er Tul-ug-auk-uk, der Schöpfer des Lebens, der aus der Urfinsternis kam.

Die Entstehung der Erde

Am Anfang war Finsternis. Aber in dieser Finsternis lebte schon etwas. Und dieses Etwas war Rabe. Er war sehr klein, nicht größer als ein Maiskorn, und er wußte nicht, wer er war.

Rabe saß zusammengekauert da und lauschte. Er hörte nichts. Kein Laut war in der Welt, kein Vogel rief, kein Wasser rauschte. Da war nichts als Finsternis, nichts, das einen Laut erzeugen konnte. Nur Rabe, dieser kleine schwarze Punkt in der Finsternis. Er bewegte sich, und seine Federn raschelten leise. Das war der erste Laut. Rabe krächzte leise. Und dann noch einmal. Er begann, seine Flügel zu bewegen. Seltsames geschah, als er sie bewegte: Die Flügel wuchsen. Er bewegte sie noch einmal. Und jedesmal wenn er sie bewegte, wurden sie größer. So schlug er immer wieder mit den Flügeln, damit sie noch größer wurden. Als seine Flügelschläge die Finsternis trafen, fühlte er, wie sie sich verwandelte. Sie wurde schwerer. Ganz allmählich wurde aus der Finsternis Erde.

So entstand die feste Erde, herausgehauen aus der Finsternis durch die Flügelschläge von Rabe. Da wußte Rabe, daß er Macht besaß. Und er wanderte auf der Erde umher und schlug mit den Flügeln. Bei seiner Wanderung entstanden die ersten Dinge, sie entstanden durch die Berührung seiner schlagenden Flügel. Ein Flügelschlag aufwärts – da wuchsen die Berge; ein Flügelschlag abwärts – da formten sich Täler. Täler wanden sich auf Rabes Spuren, Berge türmten sich auf. Er schaute sich um und erkannte kaum die schwachen Umrisse seines Werks in der Finsternis.

Rabe wanderte noch einmal über die Welt. Seine

Flügel schlugen hart auf Fels, und Wasser sprudelte heraus. So entstand die erste Quelle. Rabe ging weiter, und bald säumten Bäume wie gewaltige Federn den ersten Fluß.

Rabe begann zu klettern. Er gelangte auf eine steile Klippe und schaute hinab. Er versuchte zu sehen, was er geschaffen hatte. Unten am Fluß sah er ein kleines, schwaches Schimmern. Weit spreizte er die Flügel, als wolle er alles umfangen. Er wußte, daß all dies sein Werk war. Mein Werk, dachte er. Und dann geschah es: Er hatte zu lange und zu angestrengt hinab in das Dunkel geschaut – er verlor das Gleichgewicht und fiel.

Er breitete seine Flügel aus, und sie trugen ihn. Rabe konnte fliegen! Er kreiste über der Welt und schrie: „Krah, krah!" „Krah!" schrie er mit aller Macht. Und – „Krah!" – kam das Echo aus der dunklen Tiefe. Am Klang seiner Stimme erkannte Rabe, daß er Tul-ug-auk-uk war, der Schöpfer, der alles geschaffen hatte, was möglich war.

Er landete auf einem Baum und ruhte aus, und er dachte nach. Er konnte sich genau vorstellen, was er gemacht hatte, aber sehen konnte er es nicht. Es war ja finster auf der Welt, nur hin und wieder ein kleines, schwaches Schimmern zwischen Wolken und Nebel. Da saß Rabe nun auf seinem hohen Baum und versuchte die Finsternis zu durchdringen, auf der Suche nach Licht.

Schließlich entdeckte er am Ufer des Flusses ein Glitzern. Er flog hin und fand einen Felsbrocken, von dem ein Licht ausging. Darin eingeschlossen war ein hell glänzender Stein. Rabe packte den Felsbrocken mit seinen Klauen und hackte mit dem Schnabel den Stein heraus. Dann rollte er den leuchtenden Stein hinunter zum Wasser des Flusses und reinigte ihn sorgfältig mit seinen Federn. Und als der Stein ganz sauber war erstrahlte er in gleißendem Licht. Es war, als sei in diesem einen Augenblick alle Finsternis aus der Welt verschwunden. Zum Schutz vor dem Licht legte Rabe einen seiner schwarzen Flügel über die Augen. Er hatte Sonne gefunden.

Rabe wickelte Sonne in eine seiner dunklen Federn, flog mit ihr so hoch hinauf wie er nur konnte, und setzte sie auf die Spitze des höchsten Berges. Nun war Sonne weit genug entfernt und würde Rabes Augen nicht mehr weh tun.

Rabe flog auf einen Baum und schaute sich um. In dem neuen Licht konnte er sehen. Rabe konnte alles sehen, was er erschaffen hatte.

In den Mythen der Krähenindianer und anderen Prärievölker waren die Tier-Leute die ersten Lebewesen auf der Erde. Der Schlauste unter ihnen war Kojote, und ihm war vom Großen Geist die Aufgabe übertragen worden, die Schöpfung der Welt zu vollenden. Obwohl Kojote oftmals Unheil anrichtet, ist er zugleich Schöpfer und Held.

Die ersten Menschen

Kojote

Kojote hatte die Welt fast vollendet. Er hatte Himmel und Erde eingerichtet und den Dingen ihren Platz angewiesen. Er hatte die Wälder gepflanzt und die Seen angelegt. Er hatte hohe Berge aufgetürmt und auf ihren Gipfeln Schnee verteilt.

Dann setzte er alles in Bewegung. Mit seinem Schwanz wirbelte er den Schnee hoch in die Luft, er trieb Winde über die Seen und stieß die Wasserfälle über hohe Felskanten. Als alle die Dinge auf der Erde sich bewegten, setzte sich Kojote, streckte seine Schnauze in den Nachthimmel und begann zu heulen. Er heulte und heulte, und bald bewegten sich die Sterne und der Mond und wanderten durch die Nacht.

Wolf, Bär, Reh, Falke, Schaf, Eule, Maus und die anderen Tier-Leute saßen um ihn herum, beobachteten die wandernden Sterne und sprachen darüber, wie wundervoll Kojote die Welt bereichert hatte. Er freute sich über ihr Lob. Voller Stolz auf sich selbst sagte er: „Ich brauche jetzt Schlaf. Denn morgen muß ich das Neue Volk erschaffen."

Am nächsten Morgen wünschte er, er hätte nichts davon gesagt, denn alle wollten sie helfen. Sobald die erste Morgendämmerung in ihrem grauen Fuchspelz in den Himmel kroch, kamen die Tier-Leute mit ihren Vorschlägen. Sie setzten sich im Kreis um Kojote herum, um die Sache zu besprechen.

Wolf sprach: „Ich meine, das Neue Volk muß sehr laut heulen können, um allen anderen Angst einzujagen. So wie ich."

„Da bin ich aber ganz anderer Meinung", piepste Maus. „Das Neue Volk sollte ein leises Piepsen als

Stimme haben. Denn dann können sie miteinander reden, ohne daß jemand zuhört."

„Sie werden keine von euren Stimmen haben wollen", mischte Bär sich ein. „Wolfs Stimme würde alle in die Flucht schlagen, und auf die Stimme von Maus würde niemand hören. Nein, was für das Neue Volk am wichtigsten ist: Sie müssen sich auf die Hinterbeine stellen und Dinge zerquetschen können. – So!"

Und Bär richtete sich auf und drückte die Luft mit seinen Vorderpratzen zusammen.

„Zerquetschen, meinst du – so wie du?" fragte Kojote mit einem leicht abfälligen Unterton.

„Na klar", antwortete Bär.

Dann war Biber an der Reihe. „Ich verstehe nicht, warum ihr so viel Aufhebens um völlig unwichtige Dinge macht. Dabei habt ihr noch nicht einmal über Schwänze gesprochen. Das Neue Volk braucht dicke,

flache Schwänze, damit sie laut aufs Wasser schlagen können und Dämme damit bauen."

„Dann soll das Neue Volk also Dämme bauen – so wie deine?" fragte Kojote.

„Andere gibt es nicht", antwortete Biber beleidigt.

Und so ging es weiter. Eule und Reh und Fuchs und Puma und Falke, sie alle meinten, das Neue Volk müsse sein wie sie selbst, mit scharfen Ohren oder einem gebogenen Schnabel oder worauf sie sonst besonders stolz waren.

Am Ende war Kojote es leid. „Seht", sprach er, „ihr alle wollt, daß das Neue Volk euch haargenau gleicht. Was aber hat das für einen Sinn? Wenn sie heulen wie Wolf und so große Zähne haben wie Wolf, warum sind sie dann nicht Wolf? Wir wollen doch, daß sie anders sind, und wir wollen, daß sie sich von allen anderen unterscheiden. Ich schlage also vor, daß jeder von uns ein Modell macht. Aus dem besten Modell aber soll das Neue Volk werden."

Es gab zwar leises Geknurr und Gebrumm, aber schließlich waren alle Tier-Leute einverstanden, am Fluß Modelle aus Lehm für das Neue Volk zu formen.

„Vergeßt nicht", sagte Kojote, „daß ihr schon einige gute Ideen hattet. Bär sagte, das Neue Volk solle auf zwei Beinen gehen. Das war eine gute Idee, denn dann können sie Früchte von den Bäumen pflücken. Und Reh sagte, sie müßten scharfe Augen und Ohren haben. Auch das war gut. Aber eines habt ihr vergessen, und das ist sehr wichtig: Das Neue Volk muß klüger und schlauer sein als ihr alle."

„Du meinst, so wie du?" riefen sie im Chor.

„Na ja – ja", sagte Kojote.

An diesem Abend nahmen die Tier-Leute Lehm und Flußwasser und formten Modelle für das Neue Volk. Maus machte sehr kleine mit langen, dünnen Schwänzen. Eule machte sie mit Flügeln und großen,

runden Augen: Bei Falke hatte das Neue Volk scharfe, gebogene Schnäbel und bei Bär Klauen.

Kojote aber machte Mann und Frau.

Als Kojote damit fertig war, blieb für ihn noch etwas sehr Wichtiges zu tun. In der Nacht, als alle Tier-Leute voller Erschöpfung in tiefem Schlaf lagen, nahm Kojote Wasser aus dem Fluß und goß es über all die Modelle, die die Tier-Leute gemacht hatten. Die Eulenflügel, der Falkenschnabel, die Bärenklauen – alles wurde weggespült. Einzig Kojotes Mann und Frau blieben übrig. Sie lagen nebeneinander auf dem Waldboden nahe beim Fluß. Im schwachen Licht der Sterne, die am Himmel wanderten, kniete Kojote neben seinem Neuen Volk nieder, und behutsam blies er den Reglosen seinen Atem in die Nasenlöcher. Da begannen sie zu atmen.

Als der Morgen dämmerte, erwachten die Tier-Leute und fanden das Neue Volk, Mann und Frau, am Flußufer stehen und nachdenklich die Welt betrachten.

Für viele Prärieindianer wie etwa die Schwarz-
fußindianer galt Donner als heilig und gefährlich.
Donner brachte lebenspendenden Regen, aber
am Anfang verlangte er dafür Menschenleben
als Gegengabe. Er war – wie in der folgenden
Geschichte – ein großer Vogel, der bisweilen
unter den Lebewesen auf der Erde seine Beute
suchte.

Donnervogel

Donner

Am Anfang stieg Donner von jenseits des Himmels
hinab zur Erde. Auf der Spitze eines Berges ruhte er
aus und entfaltete sein schwarzes Gewand. Da zogen
die ersten schwarzen Wolken über den klaren blauen
Himmel und bis hinunter in die Täler. Donner lenkte sie
mit seinem Ruf, und seine laute Stimme ertönte überall
in den Bergen. Seine wilden Blicke trafen die Erde als
zuckende Feuer. Gewaltige Regengüsse gingen nieder
und brachten Grün hervor, Gras und Bäume. Die Erde
war eingehüllt in Wind und Wolken.

Und so ging es weiter.

Donner beschloß, daß er für seine Wanderungen
über die hohen Berge, die endlosen Prärien und
Ozeane Flügel brauchte. Also verwandelte er sich und
wurde ein riesiger Vogel – Donnervogel. Donnervogel
baute sich ein Haus auf dem wolkigen Dach der Welt, in
der Spitze der allerhöchsten Zeder. Von dort konnte er
hinabstoßen in den Ozean, einen Wal packen mit seinen
Fängen und mit ihm in den Wolken verschwinden.

Wenn Donnervogel hoch oben über der Welt
dahinzog oder hinabstieß, um Beute zu machen, dann
erzeugten seine riesigen, langsam schlagenden Flügel
Donnergrollen, und wenn seine Augen die Erde
absuchten, dann zuckten und zischten Blitze aus
seinem Schnabel.

Die ersten Menschen fürchteten Donnervogel.
Überall konnten sie ihn hören. Sie hörten seinen
Flügelschlag weit draußen in der Prärie. Sie sahen,
wie seine Blitze in den Fels schlugen und ihn zer-
trümmerten. Sie fanden qualmende Baumstümpfe,
die Donnervogel gespalten hatte. Sie sahen zu Boden

gestreckte Menschen, die sich nie wieder erheben würden. Nach der langen Trockenzeit des Winters jedoch brauchten die Menschen Donnervogel und seine Regenwolken trotz seiner ohrenbetäubenden Flügelschläge und den unberechenbaren Blitzen aus seinem Schnabel. Jahr für Jahr beteten sie, daß er kommen möge, um das Land mit seinem Regen zu erfrischen. Jahr für Jahr und immer zur selben Zeit erwarteten sie ihn. Und Jahr für Jahr, wenn in den Wäldern die ersten Blumen blühten, kehrte Donnervogel zurück.

Die Menschen beobachteten, wie das erste Frühlingsgewitter in den Bergen aufzog. Sie sahen den ersten Regenguß drüben am Fluß niedergehen, und sie waren glücklich. Obwohl sie Donnervogel fürchteten, wenn er ihnen allzu nahe kam, so wußten sie doch, daß nach dem Regen das Getreide wieder wachsen würde.

Außer der Furcht brachte das Frühjahr den Menschen aber auch große Trauer. Denn Donnervogel verlangte für seinen Regen ein Opfer. Niemals ließ er sie in Frieden; niemals flog er zurück zu seinem luftigen Haus, bevor sie nicht ein junges Mädchen bestimmt hatten, das sie ihm opferten. Jahr für Jahr nahm er ein junges Mädchen mit in sein luftiges Haus. Denn er war mächtig, und sie konnten sich ihm nicht widersetzen. Es machte die ersten Menschen sehr unglücklich, immer wieder die schreckliche Wahl treffen zu müssen, wessen Tochter Donnervogels nächstes Opfer sein sollte.

Nachdem sie eines Jahres wieder tagelang beraten hatten beschlossen sie, nie wieder eine ihrer Töchter zu opfern. Einige der Leute sagten, Donnervogel werde wütend werden und das Dorf zerstören, andere meinten, es werde dann wohl keine dunklen Wolken und keinen Regen mehr geben, der das Getreide wachsen läßt. Aber nachdem jeder seine Meinung gesagt hatte, kamen sie doch überein, Donnervogel zum ersten Mal sein Opfer zu verweigern. Kein junges Mädchen wurde aus seinem Haus geholt, damit Donnervogel es forttragen konnte.

Sobald Donnervogel ihren Ungehorsam bemerkte, entlud sich sein schwärzester Zorn direkt über dem Dorf. Den ganzen Tag über ängstigte er sie mit seiner Wut. Niemand hatte jemals solch einen Höllenlärm erlebt, wie Donnervogel ihn veranstaltete! Unaufhörlich heulte und donnerte er direkt über ihren Köpfen dahin. Grelles Licht zischte durch die Luft. Der höchste Baum wurde mittendurch gespalten, der Rauch einer brennenden Hütte erfüllte die Luft. Aber die ersten Menschen gaben nicht nach.

Plötzlich klarte der Himmel auf. Einige glaubten, Donnervogel habe aufgegeben und sei abgezogen. Sie kamen aus ihren Häusern und setzten sich in die Abendsonne. Andere trauten dem Frieden nicht; sie vermuteten, daß Donnervogel sich mit Gewalt ein Mädchen holen würde, wenn sie es ihm nicht freiwillig gaben.

Dann schlug Donnervogel zu. Aus heiterem Himmel kam er über die Gipfel der Berge, und mit einem einzigen grimmigen Blitzschlag streckte er einen Mann zu Boden. Die junge Frau des Mannes rannte schreiend herbei. In diesem Augenblick stieß Donnervogel vom Himmel herab, packte die Frau mit seinen Fängen, und mit einem lauten Schrei verschwand er, so rasch er gekommen war, und nur ein fernes Grummeln blieb zurück.

Nach einer Weile kam der Mann, den der Blitz getroffen hatte, wieder zu sich und stand auf. Unsicher und benommen blickte er sich um. Dann merkte er, daß seine Frau verschwunden war. Er wußte, daß Donnervogel sie in sein Haus in der Zeder, hoch über den Wolken mitgenommen hatte. Der Mann brütete viele Tage vor sich hin und dachte an seine verlorene Frau. Die meiste Zeit über saß er reglos in seinem Haus oder am Ufer des Flusses. Eines Tages fuhr er mit dem Kanu hinaus, um nachzudenken. Und er erkannte, daß niemand ihn begleiten würde, wenn er aufbräche, um seine Frau zurückzuholen. Denn niemand würde sich darauf einlassen, Donnervogel ein zweites Mal herauszufordern.

Er beschloß, sich dennoch auf den Weg zu machen, um sie wiederzufinden. Er wußte ja, wo sie war: in dem Zedernhaus, in den höchsten Bergen hoch über den Wolken. Doch den Weg dorthin, wie konnte er den jemals finden? Und wie, fragte er sich, sollte es ihm gelingen,

seine Frau aus Donnervogels Fängen zu befreien, selbst wenn er das Haus entdeckte?

Auf keine dieser Fragen fand er eine Antwort, aber dennoch machte er sich auf den Weg. Unterwegs fragte er alle Tiere, die er traf, Bär und Biber, Eule und Kojote, aber keiner von ihnen wußte, wo Donnervogel wohnte. „Er ist der, den wir am meisten fürchten. Wir würden uns niemals seinem Haus nähern. Wir fliehen, wenn wir ihn nur kommen hören", sagten sie.

Den ganzen Sommer über und bis in den Herbst hinein wanderte der Mann auf seiner Suche durch die Berge. Und als er schon fast die Hoffnung aufgegeben hatte, jemals Donnervogels Haus zu finden, traf er Rabe, der vor seiner Hütte saß und über ein weites Tal blickte. Als der junge Mann seine Geschichte erzählte, lud Rabe ihn in seine Hütte ein und gab ihm zu essen.

„Donnervogel hat also deine Frau gestohlen", sagte Rabe. „Nun ja, ich weiß, wo Donnervogels Haus ist. Es liegt ganz in der Nähe von meiner Hütte, dort auf dem Berg, gerade über uns in den Wolken. Sein Haus ist ein schrecklicher Ort, den niemand freiwillig besuchen sollte. Du aber hast einen guten Grund, dorthin zu gehen und es mit Donnervogel aufzunehmen. Und du hast Glück, daß du mich getroffen hast! Denn

es gibt nur ein Lebewesen auf der Welt, das Donnervogel nicht töten kann und das er fürchtet. Und das bin ich, Rabe. Wenn du meine mächtige Medizin mitnimmst, kannst du es mit Donnervogel in seinem Haus aufnehmen."

Und Rabe gab ihm eine glänzende schwarze Feder. „Nimm sie! Geh zu Donnervogel und sag ihm, weshalb du gekommen bist. Wenn er dich bedroht, richte diese Feder auf ihn, dann wird er dich nicht angreifen können. Nimm dann diesen schwarzen Pfeil aus Elchhorn und schieße ihn durch die Holzwand des Hauses. Wenn dir das gelingt, wird deine Frau mit dir zurückkehren."

Der Mann machte sich auf und erklomm den Berg. Er folgte einem Pfad, der ihn hoch hinauf in die wirbelnden Wolken führte, und bald kam er an ein Gewirr von Ästen und Stöcken. Das war der Eingang zu Donnervogels wolkigem Zedernhaus. Der Mann schob die Äste zur Seite und trat durch das steinerne Tor in das dunkle Innere des Hauses. Kühn rief der Mann in die widerhallende Dunkelheit: „Ich bin gekommen, um meine Frau zurück in die Welt der Menschen zu holen."

Zuerst war es still, dann erklang ein metallenes Rascheln. „Welcher Narr wagt es, hier einzudringen?" brüllte Donnervogel. „Jedes Lebewesen, das ungefragt hier eintritt, stirbt!" Und ein flackernder Blitz zuckte von seinem Schnabel und erhellte das Haus.

Aber das Zusammentreffen mit Rabe hatte dem Mann Kraft gegeben, Donnervogel gegenüberzutreten. „Du hast meine Frau gestohlen. Ich bin gekommen, sie zu holen."

Donnervogel holte zum Schlag aus. Da richtete der

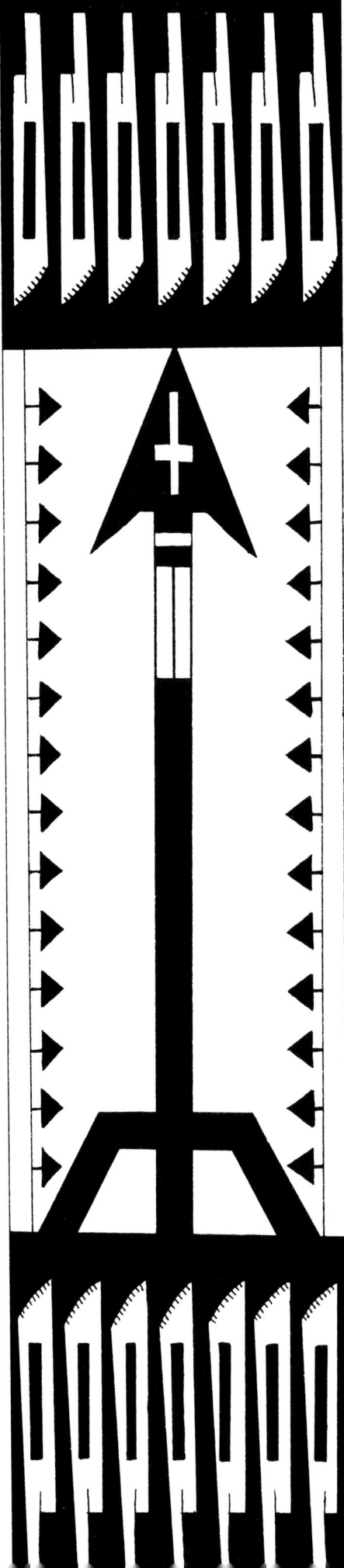

junge Mann Rabes schwarze Feder gegen ihn und Donnervogel fuhr zurück. Dann legte der Mann den schwarzen Pfeil aus Elchhorn auf den Bogen, spannte ihn und schoß ihn durch die Holzwand des Hauses. Es gab ein splitterndes Krachen, und Sonnenlicht drang herein. Donnervogel war besiegt.

„Du hast starke Medizin. Ich beuge mich dir. Ich muß dir deine Frau zurückgeben. Aber zuerst höre mir zu. Ich bin der mächtige Herr des Frühlings, und ich werde weiterhin in meinem luftigen Zedernhaus leben. Ich werde hierbleiben, bis die Vögel südwärts ziehen, und dann werde ich mit ihnen ziehen. Du hast große Macht erworben und mir widerstanden. Wenn ich mit meinen Regenwolken zurückkomme, dann werde ich nicht mehr zur Erde hinabsteigen und eine Menschenfrau fordern. Es wird keine Opfer mehr geben. Statt dessen gebt mir eure Gebete. Diese Gebete sollt ihr mir mit dem Rauch der Pfeife in den Himmel schicken. Ich gebe dir meine Pfeife, damit du sie mit zu deinem Volk nimmst. Und wenn es Zeit für mich ist, wiederzukommen, den Regen zu bringen und es Frühling werden zu lassen, dann stopfe die Pfeife, raucht sie am Abend und laßt den Rauch in den Himmel steigen. Dann werde ich wissen, daß ihr an Donnervogel denkt, der die Frühlingsstürme bringt und den warmen Regen, der die Beeren wachsen läßt und das Gras saftig macht. Denkt in euren Liedern an mich und beim Rauchen dieser Pfeife, dann muß ich nicht vom Himmel kommen und ein Opfer von euch fordern."

Dann gab Donnervogel dem Mann seine heilige Medizinpfeife und geleitete ihn zurück auf den Bergpfad. Als aber die wirbelnden Wolken und Nebel sich verzogen, sah der Mann, daß seine Frau vor ihm stand, und ihr schwarzes Haar glänzte in der Sonne. Sie fielen sich in die Arme, und mit neu erwachter Liebe schauten sie sich in die Augen. Als sie gemeinsam den Berg hinabstiegen, waren sie erfüllt von der Freude, daß sie einander wiedergefunden hatten. Voller Glück brachten sie ihrem Volk Donnervogels Medizinpfeife, denn sie waren gewiß, daß Donnervogel von nun an mit den daraus aufsteigenden Gebeten zufrieden sein würde.

Seit diesem Tag holte Donnervogel sich keine Menschenfrauen mehr. Noch immer wird er gefürchtet, aber er bleibt im Himmel, und kehrt Tag für Tag zurück in sein Zedernhaus in den Wolken.

Das Heulen der Wölfe tief im Wald klingt, als fänden die Tiere Vergnügen daran, ihre lauten Stimmen immer wieder hinauf zu den Sternen zu schicken. Und so ist es auch. Aber am Ende ihrer langen Wanderungen sitzen sie ebenso gern um das Feuer und hören den Geschichten der anderen Wölfe zu.

Warum Wölfe Rehe jagen

Eines Tages trafen sich alle Wölfe auf einer Lichtung in der Nähe des Flusses, um Geschichten zu erzählen und zu singen. Nun haben Wölfe seit jeher Freude daran, sich ihrer Taten zu rühmen, und so wollten viele von ihnen von ihren Reisen und Abenteuern singen, wie sie die höchsten Berge erklommen hatten oder tagelang ohne Nahrung ausgekommen waren.

Am Ende des Tages aber sangen sie alle gemeinsam ein Lied über ihr Leben als Wolf. Sie sangen von den Wäldern, den schneebedeckten Bergen und den eisigen Flüssen. Sie sangen von langen Wintern und der Futtersuche für die kleinen Wölfe. Die Jungen fielen mit ein, und das langgezogene Heulen ihres Liedes erfüllte das ganze Tal. Die Nacht war so erfüllt von dem anhaltenden Wolfsgeheul, daß die anderen Lebewesen davor flohen. Maulwurf buddelte sich tief in die Erde, die kleineren Tiere versteckten sich unter den Steinen, und die Fische machten sich ganz flach und drückten sich auf den Grund des Flusses. Die Lachse aber waren so verwirrt, daß sie flußaufwärts rasten, und als sie die Stromschnellen erreichten, warfen sie sich ihnen entgegen und gelangten schließlich immer höher hinauf bis zu den felsigen Bergen. Man sagt, so hätten die Lachse zum ersten Mal Stromschnellen und Wasserfälle überwunden.

Der Mond war wohl der einzige, dem das endlose Heulen des Wolfschores gefiel. Er wanderte über die Wipfel der Kiefern und blieb dann den größten Teil der Nacht lauschend über der Lichtung stehen. Wenn er hinabschaute, sah er im Schein seines eigenen Lichts, wie die Wölfe die Köpfe weit zurückwarfen, um noch

lauter singen zu können. Auch als die Nebel sich hoben und der Morgen dämmerte, war der Wolfsgesang noch nicht zu Ende.

Der Nebel aber zog durch den Wald und trug die Stimmen der Wölfe auch zu den Ohren der Rehe. Die konnten sich nicht erklären, was das für ein Lärm sei. Neugierig kamen sie hinunter zum Fluß, um nachzuschauen, was für Lebewesen dort sangen.

Wenn die Rehe sich trafen, um ihre Geschichten zu erzählen, dann taten sie es mit leisem Gebell, und so erschienen ihnen die heulenden Stimmen der Wölfe als das Seltsamste, das sie je gehört hatten. Aus diesem Grund – und weil sie einige der Geschichten der Wölfe nicht so ganz glauben konnten – begannen sie, miteinander zu flüstern und zu rätseln, was für Wesen das wohl seien. Aus dem Flüstern wurde Gekicher, und schließlich fingen die Rehe an, laut zu lachen.

Dies wiederum gefiel den Wölfen ganz und gar nicht. Sie blickten über den Fluß und entdeckten die Rehe, die mittlerweile ununterbrochen lachten und gar nicht mehr aufhören konnten.

Es wäre allerdings besser für die Rehe gewesen, wenn sie aufgehört und weggegangen wären oder wenigstens im geheimen gelacht hätten. Aber das taten sie nicht. Sie waren ja größer als die Wölfe, und sie hatten keine Angst.

Nach einer Weile entdeckten die Wölfe, daß in den beim Lachen weit aufgerissenen Mäulern der Rehe keine scharfen Zähne blitzten. Da begriffen sie zum erstenmal, daß diese großen Lebewesen sich nicht verteidigen konnten. Sie würden eine großartige Beute abgeben! Zusammen preschten die Wölfe durch den Fluß. Da ergriffen die Rehe die Flucht.

Bis zum heutigen Tag laufen die Rehe davon, und die Wölfe sind hinter ihnen her.

Diese Geschichte wurde bei den Irokesen erzählt, die in den weiten Wäldern des Ostens lebten.

Winter und Frühling

Alter Mann Winter, Gau-wi-di-ne, baute sein Haus am Fuße eines hohen Berges. Er umgab es mit Nebel und Kälte. Darüber, hoch im Berg, sammelten sich die Wolken, die Schnee und Hagel brachten.

Das Haus des alten Mannes bestand aus großen Eisblöcken. Darin bewahrte er sein Holz und gefrorenes Fleisch und Fische auf. Er briet sie über seinem Feuer, einem Feuer, das ihn nicht wärmte, so viel Holz er auch nachlegte, wie hoch die Flammen auch schlugen. Denn er war Alter Mann Winter, Gau-wi-di-ne, und ein einfaches Feuer konnte ihn nicht wärmen.

Kein warmblütiges Wesen kam zu seinem Haus, wo Schneestürme den Himmel verdunkelten und die Winde vor Kälte klirrten. Er war allein. Weder Vogel noch Tier noch Mensch konnten sich nähern, niemand außer Nordwind, seinem einzigen Freund.

Es kam nicht allzuoft vor, daß Nordwind vorbeikam. Er war zu sehr damit beschäftigt, Schnee von den Bergspitzen aufzuwirbeln und über die weiten Wälder zu verteilen. Damit verwehte er die Spuren der Menschen und kleidete ihre Häuser in Weiß. Manchmal aber verirrte er sich in seinen eigenen Stürmen und wanderte abseits der vertrauten Gebiete; manchmal auch verlor er den Schnee, bevor er an sein Ziel kam. Dann kehrte er bei Gau-wi-di-ne ein, um sich Rat zu holen und auf dem Berg neue Kälte zu sammeln.

Nordwind kam meist unangemeldet. Da bebte dann der Berg von seinem polternden Schritt, da ertönte sein schriller Schrei: „Uug-hwii-ii-ii, uug-hwii-ii-ii!" Und Alte Mann Winters Tür sprang unversehens auf, wenn er mit seinem gefrierenden Schnee-Atem hereinwirbelte.

Dann setzte Nordwind sich ans Feuer, rauchte eine Pfeife und ruhte sich von seinen rastlosen Reisen rund um die Welt aus.

Bei einem dieser Besuche saßen Gau-wi-di-ne und Nordwind dösend und müde am Feuer, das sie nicht wärmte. Wie immer war der Bart des alten Mannes mit Eiszapfen behängt, und seine Brauen starrten vor Reif, aber in dieser Nacht waren die Eiszapfen nicht ganz so schwer und der Reif weniger dick. Die Flammen schlugen höher als sonst und warfen schimmerndes Licht auf sein eisiges Gesicht. Mit seinem steifen weißen Arm schlug der alte Mann auf die flackernden Flammen, und ein Eiszapfen brach und glitt über den Boden.

Nordwind erschrak. „Ich fühle Wärme! Woher kommt diese Wärme, die dein festes Eishaus bedroht und mich vertreiben will?"

„Hierher kommt keine Wärme", sagte der alte Mann. „Mein Haus ist fest. Fürchte dich nicht. Und nun geh deiner Wege."

Und Nordwind machte sich daran, den Berg zu besteigen. Da packte ihn plötzlich Angst, und er floh eilends in die Gebirgshöhen. Seine kleinen Ängste folgten ihm, wirbelten den fallenden Schnee durcheinander und schüttelten ihn von den Ästen der Fichten.

Im Morgengrauen hörte der alte Mann ein Klopfen an seiner Tür. „Ein ungestümer Atemzug von Nordwind", dachte er. Aber das Klopfen wiederholte sich, wurde lauter und stärker. Eine Stimme rief: „Ich begehre Eintritt in das Haus von Alter Mann Winter."

„Wer wagt es, so etwas zu fordern?" rief der alte Mann zurück. „Geh! Nur Nordwind betritt dieses Haus. Kein kleinerer Wind darf hier herein." Aber noch während er sprach, sprang die Tür von selbst auf, und davor stand ein schöner junger Mann. Das Feuer loderte auf und übergoß sein Gesicht mit einem Licht wie bei einem Sonnenuntergang im Sommer. Etwas von dem Schnee, der den Kopf von Gau-wi-di-ne bedeckte, fiel zu Boden und schmolz. Der Fremde grüßte den alten Mann, trat ans Fenster und wärmte seine Hände daran. Auf einmal war ein wenig Wärme und sommerliches Licht in dem Raum zu spüren.

Der alte Mann war zornig. „Wie kannst du es wagen, dir gegen meinen Willen hier Eintritt zu verschaffen?" fragte er. „Geh! Geh sofort! Du bist jung. Mein Feuer ist für alte Männer. Du gehörst nicht hierher. Dein

jugendlicher Atem ist warm, ich aber habe die Wärme
auf ewig unter dicke Schichten von Schnee verbannt.
In deinen Augen schimmern Sommersterne, und das
darf nicht sein, denn schon vor langer Zeit habe ich
Nordwind ausgesandt, die Sommersterne auszublasen."

Der junge Mann lächelte nur, blieb am Feuer sitzen
und fragte, ob er dem alten Mann seine Pfeife stopfen
dürfe. Gau-wi-di-ne antwortete nicht und fuhr fort zu
grollen.

„Unterschätze mich nicht! Ich habe Macht! Ich schicke
Nordwind über die ganze Welt, und beim Klang seiner
Stimme hören die Flüsse auf zu fließen. Ich berühre
den Himmel, und Schnee fällt zur Erde. Ich lege meine

Hände auf die Seen, und ihre Oberflächen werden wie Stein. Ich verdunkle den Himmel, und die Jäger kauern sich um ihr Feuer, und die Tiere bleiben in ihrem Bau. Gehe ich über das Land, so wird es hart wie Fels. Du leuchtest und lächelst wie die Sonne, junger Krieger, aber wo ich bin, wird die Sonne bleich und flieht in den tiefen Süden. Ich werde ihren Schein von deinem Gesicht vertreiben und die Schatten des Winters dafür hineinwerfen. Geh jetzt, oder ich werde deinen jungen strahlenden Körper mit eisiger Kälte umgeben und ihn in Eis verwandeln."

Aber der junge Mann hörte weiter zu und rührte sich nicht. Da begann der alte Mann von neuem: „Du lächelst und fürchtest mich nicht. So höre: Ich bin Gau-wi-di-ne, der Winter persönlich. Also, fürchte mich und geh! Verlasse mein Haus!"

Der junge Mann blieb ungerührt. Er füllte die Pfeife des alten Mannes und sagte leise und höflich: „Nimm deine Pfeife und rauche; das wird dich trösten und dir noch eine Zeitlang Kraft geben. Aber nun mußt du für mich rauchen, für Jugend und Frühling. Ich bin jung und stark, du aber alt und müde. Kannst du denn nicht die Stimme hören von Ga-oh, dem Südwind? Dein Freund Nordwind hat sie längst gehört und eilt nach Norden in sein Haus. Du aber, folge ihm, bevor Ga-oh hier ist und die Erde um dieses Haus hier erwärmt, denn dann wird es fallen. Deine Zeit ist abgelaufen. Meine Zeit ist gekommen, und machtvoll bin ich!" Gegen seinen Willen hörte der alte Mann auf diese Worte.

„Wenn ich meine Arme ausbreite, dann öffnet sich der Himmel, und die Sonne erwacht. Ich sende meinen Freund Südwind, Ga-oh, und wie ein Pflug bringt er den Schnee unter die Erde. Ich berühre die Erde, und Gräser und Blumen beginnen zu wachsen. Ich lasse die längst bereiten Knospen aufbrechen und die ungeduldigen Flüsse frei im Sonnenlicht fließen. Die Bäume hören meine Stimme und recken sich mir entgegen. Meine lauen Lüfte wandern durch die Wälder. Ich sende Frühlingsschauer, die im Gras wispern und ihm sagen, daß es Zeit ist zu wachsen. All dies liegt in meiner Macht, und nun ist meine Zeit gekommen, die Erde zu regieren."

Der alte Mann war müde. Mit der Pfeife in der Hand beobachtete er besorgt den Jüngling.

„Ich bin gekommen, um in Frieden mit dir die Pfeife zu rauchen und dir diese Dinge zu sagen. Nun wartet die Sonne darauf, daß ich ihr die Tür öffne. Du und Nordwind, ihr habt euch ein festes Haus gebaut. „Jeder Wind aber, Nord, Ost, West und Süd, hat seine Zeit. Jetzt kommt Südwind an die Reihe. Geh heim in dein Haus am Nordhimmel! Bring dich in Sicherheit, bevor die Pfeile der Sonne dich treffen."

Der alte Mann zitterte. Er wurde immer kleiner und blasser.

„Ich bin Go-hay, Frühling", fuhr der junge Mann mit einer Stimme so sanft wie der Duft wilder Blumen fort. „Ich bin gekommen, um mein Haus auf grüner Erde zu bauen. Ich habe schon mit deinem Berg gesprochen, und er hat auf mich gehört. Sein Schnee ist bereits vergangen, und die Nebel machen Platz für die Sonne. Nordwind ist geflohen, und jetzt mußt du gehen. Du bist schon viel zu lange geblieben, denn bald wird dein weißer Pfad nach Norden nicht mehr zu sehen sein." Während er sprach, machte er die Tür weit auf, Licht flutete herein, und Go-hay begann, das Sonnenlied zu singen. Für Gau-wi-di-ne war es Zeit, zu gehen. Fort lief er und folgte eilends dem schwindenden weißen Pfad nach Norden.

Wo Alter Mann Winters Haus gewesen war, zeigten bereits Blumentriebe ihre grünen Spitzen. Der Fluß, der so lange zugefroren war, schlängelte sich glitzernd durch das frische Gras. Ein Vogel sang in der Nähe, und ein anderer antwortete von fern.

Nur auf der Spitze des Berges gab es noch eine Erinnerung an Gau-wi-di-nes langes Wirken: Am Nordhang blieb eine Schnee-kappe zurück, so als hätte sie jemand dort vergessen.

Blauvogel
und Kojote

Diese Geschichte erzählen sich die Leute des Pima-Volkes aus dem Südwesten Nordamerikas.

Einst war Blauvogel Grauvogel, ein unscheinbarer Vogel von schmutziger Farbe, den niemand beachtete. Eines Tages aber entdeckte er einen See mit leuchtend blauem Wasser. „Wenn ich in dieses blaue Wasser tauche", dachte er, „dann bekomme ich vielleicht dieselbe Farbe wie der See." Eine Zeitlang wanderte er am Ufer auf und ab, dann steckte er seinen Kopf in das Wasser, zog ihn wieder heraus und prüfte sein Spiegelbild im See. Vergebens. Er war derselbe langweilige, graue Vogel wie zuvor.

In diesem Augenblick entdeckte er Schmetterling, der auf einem Felsen saß und sich ausruhte. Und Schmetterling hatte genau die gleiche Farbe wie der See.

„Woher hast du diese Farbe?" fragte Grauvogel. „Ich wette, sie kommt aus dem See."

„Stimmt genau", sagte Schmetterling. „Warum fragst du?"

„Na ja, ich hätte auch gern diese Farbe", sagte Grauvogel. „Wie kann ich die bekommen?"

„Also wenn du so blau werden willst wie der See", sagte Schmetterling, „dann mußt du tun, was ich dir sage: Jeden Morgen badest du viermal im See, vier Morgen lang. Dabei wendest du dich zu den vier Himmelsrichtungen und singst ein Lied, mit dem du den See bittest, dir etwas von seiner Schönheit abzugeben: ‚Blauer See, blau wie der wolkenlose Himmel, gib mir von deiner Farbe für meine unscheinbaren Federn' – oder irgend so etwas. Wenn du Erfolg hast, mußt du dem See mit einem weiteren Lied Dank sagen. Bis dahin darfst du nichts berühren,

denn sonst wird deine neue blaue Farbe wieder verschwinden."

Grauvogel hielt sich an alle diese Anweisungen, und als der vierte Morgen vorüber war, war er ebenso strahlend blau wie der See. Er streckte einen Flügel zur Seite, um einen Blick auf seine neue Farbe zu werfen, und er war sehr zufrieden. Dann dachte er sich ein Danklied aus und sang es. Danach hüpfte er aufgeregt umher, reckte den Hals und betrachtete sich in jeder Pfütze. Er fand sich einfach wunderschön. Und so wurde aus Grauvogel Blauvogel.

Eines Morgens, es war ein paar Tage später, kam Kojote vorbei und traf Blauvogel, der am Seeufer saß und sein Gefieder putzte. Und sogleich beschloß er, daß er gern die gleiche Farbe hätte. Einen Mantel aus blauem Pelz, das war es, was er wollte! Also fragte er Blauvogel, woher er das wundervolle Blau für sein Federkleid habe, und Blauvogel erzählte ihm dasselbe, was Schmetterling ihm gesagt hatte.

Kojote befolgte die Anweisungen und machte alles richtig. Als er am vierten Morgen auftauchte, sah er ungeheuer schön aus. Laut sagte er: „Nun wird man mich den Blauen Kojoten nennen." Er sah hinab auf seinen blauen Schatten, drehte sich um sich selbst, damit er auch seinen blauen Schwanz und die blauen Hinterbeine sehen konnte. Dann trottete er davon.

Kojote war so begeistert von sich, daß er vergaß, ein Danklied für den See zu singen. Er fand sich einfach umwerfend, und wartete ungeduldig darauf, bis er sich endlich in der Bewunderung der anderen Tiere sonnen könnte. Und so raste er den Weg entlang – wobei er selbstverständlich ab und zu sein blaues Fell bewunderte. Krach – rannte er mit voller Wucht gegen einen Baum! Er hatte ja nicht auf den Weg geachtet. Heulend rollte er sich im Staub, und so wurde sein neues Fell staubig und schmutzig. Und so viel er es auch bürstete und ausklopfte, es blieb, wie es war: staubig und schmutzig. Von seiner schönen, neuen blauen Farbe war nichts mehr zu sehen. Erst da fiel ihm ein, daß er das Danklied für den See vergessen hatte.

Die Flöte war das Instrument für Liebeslieder. Ihr Klang war wie der Ruf des Wapiti-Hirsches, und der spielte eine wichtige Rolle in der Liebe. Wenn ein Mann einen Hirschhuf auf einen Spiegel drückte und damit Sonnenstrahlen in die Augen eines jungen Mädchens spiegelte, so würde sie sich in ihn verlieben. Ähnliche Macht hatte die Flöte. Ein Flötenspieler konnte Menschen in seinen Bann ziehen.

Das erste Liebeslied

An einem schönen Frühlingstag folgte ein junger Jäger der Spur eines Hirsches. Er war mutig und schlau, aber an einen Hirsch heranzukommen, ist eine schwierige Aufgabe. Die schnellen Wapitis sind sehr scheu, und bei der geringsten Störung ergreifen sie die Flucht. An diesem Tag nun fand der junge Jäger die Jagd ganz besonders schwer. Stundenlang war er einer undeutlichen Spur gefolgt, ohne das Tier auch nur einmal zu Gesicht zu bekommen, und nun wurde er ungeduldig. Die Herden würden bald auf die höher gelegenen Sommerweiden in den Bergen ziehen, und wenn dieser hier ihm entwischte, wer weiß, wann er dann wieder einen aufspüren konnte! Seine Leute brauchten Fleisch. Sie waren hungrig.

Aber es gab noch einen anderen Grund, weshalb der junge Mann sich sorgte. Es war verliebt, und der Wapiti, dieses schnellste und weiseste der Tiere, besaß den größten Liebeszauber. Wenn ein Jäger die Medizin des Wapiti besitzt, wird das Mädchen, das er liebt, sich auch in ihn verlieben. Und er brauchte einen starken Zauber, denn viele andere junge Jäger begehrten sie. Sie war schön, und sie war die Tochter des Häuptlings.

Mittlerweile hatte die Spur des Hirsches ihn in bewaldetes Gebiet geführt. An den frischen Spuren erkannte er, daß das Tier ganz in der Nähe sein mußte und nicht mehr rannte. Vielleicht hatte es angehalten, um zu fressen. Der Jäger war aufgeregt. Aber obwohl er leise und vorsichtig durch das Dickicht kroch und angestrengt nach allen Seiten spähte, sah er nichts. Fast wollte er schon aufgeben, da entdeckte er ihn: Einen großen, prächtigen Wapiti, der sich reckte, um ein paar

Birkentriebe zu fressen. Der Jäger pirschte sich langsam heran und spannte den Bogen. Über die Spitze des Pfeils hinweg beobachtete er den Elk, doch gerade, als er den Pfeil abschießen wollte, drehte sich das Tier um, prüfte die Luft, sah zu ihm herüber und verschwand im Dickicht.

Der Jäger wußte, diesen Hirsch würde er nicht wiedersehen.

Die Jagd war für heute zu Ende. Er war müde und erschöpft, und der Weg zurück in sein Dorf war weit. Zuerst mußte er seinen Pfad wiederfinden, denn während der aufregenden Verfolgungsjagd durch den Wald hatte er nicht auf den Weg geachtet. Nun versuchte er es in der einen, dann in der anderen Richtung, aber die einzigen Spuren, die er fand, waren die von anderem Wild. Einen Weg aus dem Wald fand er nicht. Es wurde dunkel.

Als die mondlose Nacht kam, wurde ihm klar, daß er sich verlaufen hatte. Das Beste war, nun auf die Morgendämmerung zu warten. Bei Tageslicht würde er den richtigen Weg rasch finden. Er hatte etwas getrocknetes Fleisch bei sich, und in der Nähe hörte er einen Bach plätschern. Er fand ihn, trank von seinem kühlen Wasser, wickelte sich in seine Felldecke und legte sich im Schutz eines Baumes nieder.

Nun kannte der junge Jäger sich in der weiten, stillen Prärie vorzüglich aus, von den Wäldern aber wußte er nichts. Er hatte nicht mit den nächtlichen Geräuschen des Waldes gerechnet und fand es nun unmöglich, zu schlafen. Endlos raschelten die Blätter, selbst wenn sich kein Lüftchen regte. Und erhob sich auch nur ein kleiner Wind, so ächzten und knarrten die Bäume. Die Lebewesen der Nacht erwachten, und wenn sie vorüberhuschten, knackte bald hier, bald dort ein Zweig. Die ganze Nacht über erklangen Tierstimmen. Der Wald war erfüllt von Kreischen und Trillern, Heulen und Schnurren. Was für ein unheimlicher Ort!

Der junge Jäger döste eine Zeitlang, bis ihn ein neues Geräusch aufschreckte. Es war ein seltsamer Ton, ein unheimliches Summen, das anschwoll und wieder verklang wie der Wind. Es machte ihm angst. Es hätte ein Geistergeräusch sein können, die heimatlose Stimme eines Ahnen. Er schauderte und zog seine Decke enger um sich. Da war es wieder, anhaltender diesmal, aber dennoch zitternd und unstet. Ein gequälter Geist war es nicht, dafür klang es zu ruhig. Als der Jäger sich an das Geräusch gewöhnt hatte, verlor er seine Angst. Auf einmal erschien es ihm schön und betörend. Es war wie ein Lied. Es erinnerte ihn an einen frischen Sommermorgen in der Prärie, an eine friedliche Kanufahrt an einem Nachmittag und an andere wundervolle Augenblicke. Und vor allem erinnerte es ihn an das Mädchen, das er liebte. Und schließlich schläferte es ihn ein, und er träumte.

In seinem Traum saß über ihm im Baum Wagnuka, der rotköpfige Specht, und sang das Lied, das er gerade gehört hatte: „Folge mir, folge meiner Spur, dann wirst du das Lied finden."

Das Lied weckte den Jäger. Die Sonne schien schon durch die taubedeckten Äste, und der Wald war voller neuer Geräusche. Über ihm im Baum saß Wagnuka, genau wie in seinem Traum. Der Jäger hatte noch das

„Folge mir, folge mir!" des Traums im Ohr, als der Vogel aufflog und sich auf dem nächsten Baum niederließ. So packte er seine Sachen und folgte ihm. Wagnuka flog auf einen anderen Baum und wartete. Plötzlich hörte der Jäger wieder das Lied. Aber etwas daran war seltsam und anders als im Traum: Es war nicht Wagnuka, der nun sang. Irgend etwas anderes brachte diese Melodie aus dem Traum hervor.

Der Vogel flog weiter, und wieder folgte ihm der Jäger. Diesmal ließ sich Wagnuka auf einer Zeder nieder und begann, auf einem toten Zweig herumzuhacken. Wind kam auf und fuhr durch die Bäume. Und mit ihm kam die Melodie, die der Jäger in der Nacht gehört hatte. Dann klang sie wie ein flüchtiger Seufzer und erstarb. Die Melodie, dieses seltsame Anschwellen und Abklingen, das er im Traum gehört hatte – es war von dem toten Zweig gekommen, auf dem Wagnuka gerade getrommelt hatte! Aber wie kam das? Erneut erhob sich ein Wind und legte sich wieder, und diesmal begriff der Jäger, daß das geisterhafte Lied durch den Wind entstand, wenn er durch die Löcher blies, die der Specht in den Zweig geklopft hatte.

Der junge Jäger beschloß, diese neue Musik mit nach Hause zu nehmen. Der Baum brauchte den Zweig nicht mehr, dennoch bat er den Baum erst um Verzeihung, bevor er vorsichtig den Zweig abbrach und sich unter den Arm klemmte.

Inzwischen war heller Tag, und so hatte der junge Jäger keine Schwierigkeiten, seinen Weg aus dem Wald zu finden. Den ganzen Tag über wanderte er, bis er am Abend sein Dorf erreichte. Er hatte kein Fleisch mitgebracht und keine Wapiti-Medizin, um die Liebe seines Mädchens zu erwecken, aber er hatte eine geheime Musik.

Eine Erfindung, einen ganz neuen Ton. Sein Volk würde bald wundervolle neue Klänge für die heiligen Tänze haben, neben den Trommeln und Rasseln und Bullenbrüllern. Und vielleicht würde das Mädchen diese Musik mögen.

Er malte sich alles so wundervoll aus, aber so sehr er sich auch mühte, es wollte ihm nicht gelingen, dem Zweig Töne zu entlocken. Nachts saß er allein in seinem Tipi und versuchte den Zweig wieder zum Singen zu bringen. Er schwenkte ihn durch die Luft, blies seinen Atem darüber, überlegte, ob er wohl die Nachtluft

brauchte, und ging mit ihm nach draußen. Aber nichts brachte den Zweig zum Tönen. Er überlegte, ob der Wind, der in den Felsen sang, helfen würde. Er stieg auf einen hohen Fels und hielt den Zweig in den Wind. Aber nichts ließ die Melodie zurückkommen.

Der junge Jäger war sehr unglücklich. Er reinigte sich in der Schwitz-Hütte, blieb viele Tage dem Dorf fern, betete, fastete und wartete auf eine Vision, die ihm zeigen sollte, wie die Melodie erzeugt würde. Und schließlich hatte er wieder einen Traum: Wagnuka, der rotköpfige Specht, besuchte ihn in der Gestalt eines Mannes mit einem Zweig aus Zedernholz. „Ich bin Wagnuka, und ich komme, um dir zu zeigen, wie man dem Zedernzweig Töne entlockt. Schau genau zu, was ich tue!"

In seinem Traum schaute er zu und sah, was zu tun war. Am nächsten Morgen ging er zu einer Zeder am Waldrand, brach einen Zweig von ihr ab und höhlte ihn aus. Dann bohrte er auf der ganzen Länge Löcher, so wie Wagnuka es mit den toten Zweigen machte. Einem Ende des Zweigs gab er die Form eines Vogelkopfes und bemalte ihn mit roter Farbe. Dann machte er ein kleines Feuer aus Salbei und Zedernholz und ließ den Rauch durch den Zweig ziehen, der nun eine Flöte war. Dann kehrte er zu der Zeder zurück und betete.

Schließlich setzte er die Flöte an die Lippen, legte die Finger auf die Löcher, blies sachte in das Mundstück und hob abwechselnd immer einen Finger von einem der Löcher. Mit geschlossenen Augen lauschte er. Und wirklich! Da war sie wieder, die zarte Melodie, die er gehört hatte, die Geistermusik aus dem Wald.

Am Anfang, heißt es, gab der Große Schöpfer jedem der Bäume eine eigene Stimme. Jetzt aber war es die neue Stimme der Zedernflöte, die vom Waldrand bis zum Dorf hinüberklang, und die Leute blieben stehen und lauschten. Nie zuvor hatten sie solche Musik gehört.

Jeden Tag probierte der junge Jäger neue Lieder. Er hatte die alten Leute sagen hören, daß alle großen Lieder der Welt von Hasjelti, dem Boten der Morgendämmerung, und von seinem Bruder Hostjoghon, dem Boten der Abenddämmerung, gemacht worden seien. So saß er bei Sonnenaufgang vor seinem Tipi und spielte, und die Lieder, die ihm einfielen, waren wie die Frühnebel über dem Fluß oder

wie die ersten Sonnenstrahlen, die auf dem kühlen
Wasser glitzerten. Abends spielte er am Fuße der Zeder,
und wenn seine Melodien durch das Dorf zogen,
machten sie den Abend friedlicher, und die Sterne
schienen näher zu kommen, als wollten sie lauschen.

Seine Musik wurde immer besser. Die Leute sagten,
seine Lieder hätten einen tieferen Sinn, und den hatten
sie wirklich. Aber es waren nicht nur die Morgen- und
die Abenddämmerung, die seine Lieder so
sehnsuchtsvoll machten. Es war vor allem die Tochter
des Häuptlings. Mit ihr war es weit schwieriger als mit
der Musik. Sie blieb gern für sich, und sie war sehr
stolz.

Mit keinem der jungen Männer, die sie umwarben,
wollte sie etwas zu tun haben.

Der junge Jäger wußte, er hatte nur eine Hoffnung,
und das war seine Musik. Er beschloß, ein besonderes
Liebeslied für sie zu schaffen, einen Liebeszauber aus
Tönen. Wieder lauschte er viele Tage und Nächte lang
auf alle Töne der Erde, auf den Vogelgesang in den
Wäldern, auf das Flüstern des Grases, auf das Donnern
der Wasserfälle. Und endlich stand er eines Abends in
der Nähe ihres Tipi und spielte das Lied, das er für sie
gemacht hatte. Bald war die Luft erfüllt von der
schönsten Melodie, die seine Flöte je gespielt hatte,
traurig und zärtlich, voller Hoffnung und Leben.

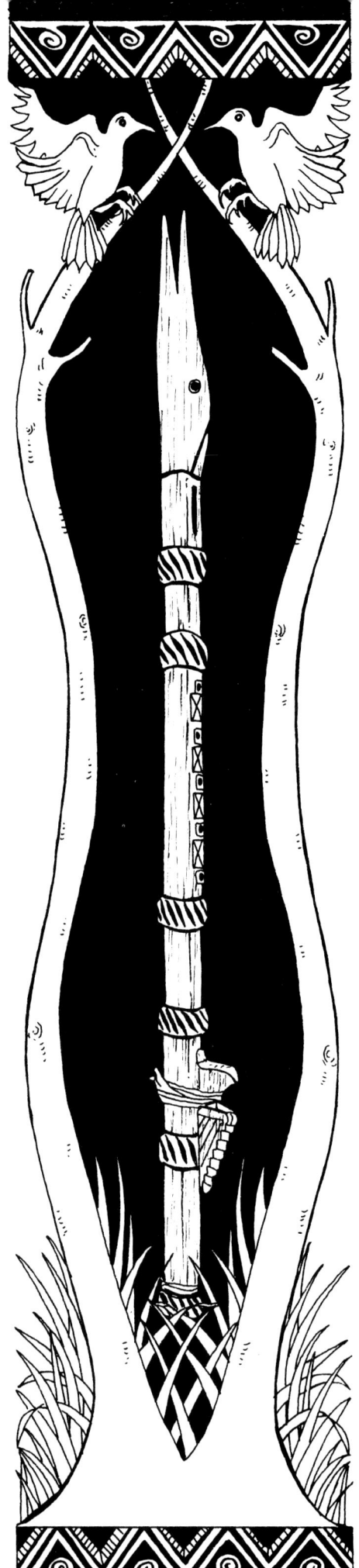

Sie hörte es, als sie mit ihrer Familie um das Feuer in ihrem Tipi saß. Es war gemütlich warm, und sie aß gerade ein saftiges Stück Büffelfleisch. Aber der Klang der Flöte setzte ihre Füße in Bewegung, und bald wollten ihre Füße im langsamen, traumgleichen Rhythmus des Liedes tanzen. Die Musik war unwiderstehlich und zog sie hinaus in die Nacht.

Eigentlich wollte sie einfach nur zuhören, aber ihre Füße sagten: „Geh hin!" Sie trugen sie hinüber zur Musik, und in der Dunkelheit sah sie die Gestalt des jungen Mannes. Sie wollte nur in der Nähe stehenbleiben und zuhören, aber wieder sprachen ihre Füße: „Geh hin! Sag ihm Dank!" Sie ging hin, und ohne es zu wollen, sagte sie ihm, daß sie ihn liebte. Und so geschah es, daß durch das Lied der Flöte der junge Jäger und die Tochter des Häuptlings ein Paar wurden.

Sobald die jungen Männer des Dorfes von dem Zauber der neuen Musik hörten, schnitzten sie sich ihre eigenen Flöten. Zuerst klangen ihre Liebeslieder noch unbeholfen, aber allmählich wurden sie genauso betörend wie die Musik der ersten Flöte, und die neuen Liebeslieder verbreiteten sich von Dorf zu Dorf.

*Für manche Indianervölker war der Sternen-
nebel, den wir Milchstraße nennen, der lange
weiße Pfad, auf dem die Geister der Toten den
Himmel durchquerten, wenn sie die Erde verließen
und in die ewigen Jagdgründe zogen. Andere
Völker hielten die weiße Sternenstraße für ein
Wildwasser.*

Die letzte Reise

Es war am Ende des Sommers, wenn Traurigkeit mit
länger werdenden Schatten von den Bergen über das
Land fällt und Distelwolle auf den Flüssen abwärts
treibt.

Wahu war ein guter Jäger gewesen. Stets hatte er
genügend Nahrung für seine Familie erbeutet, und
niemals war er müde geworden von den endlosen
Wanderungen über die Berge oder von den langen
kalten Tagen auf dem Fluß. Nun aber verließen ihn
seine Kräfte. Er konnte nicht mehr jagen wie gewohnt.
Er war allein. Nur seine Hündin war ihm geblieben.
Seine Frau war gestorben. Die Kinder lebten in fernen
Tälern und Dörfern und hatten eigene Familien, und
Wahu hatte nicht mehr die Kraft, sie zu besuchen.

Bisweilen redete Wahu nun mit seiner Hündin,
meistens aber sprach er mit den langen Schatten, und
ihre Stimmen drangen zu ihm aus den Nebeln, die
abends im Tal hingen. Diese Stimmen kamen aus längst
vergangenen Zeiten, von den Lieben, die gegangen
waren, und den nahen Freunden seiner Kindheit.

Wahu nahm keinen Anteil mehr an der Gegenwart,
und er wußte, daß es bald Zeit für ihn sein würde,
seine letzte Reise anzutreten.

Er machte sein Kanu bereit. Er holte das abgenutzte
Paddel, das an den Rändern von den vielen Felsen im
Fluß gesplittert war. Er erinnerte sich an die Zeiten, als
er in seiner Jugend mit seinen Freunden den Fluß
hinabgefahren war. Beinahe konnte er noch ihr Lachen
auf dem Wasser hören. Er dachte an die
Morgendämmerungen und an die Sonnenuntergänge,
die er auf dem Fluß erlebt hatte. Er erinnerte sich an

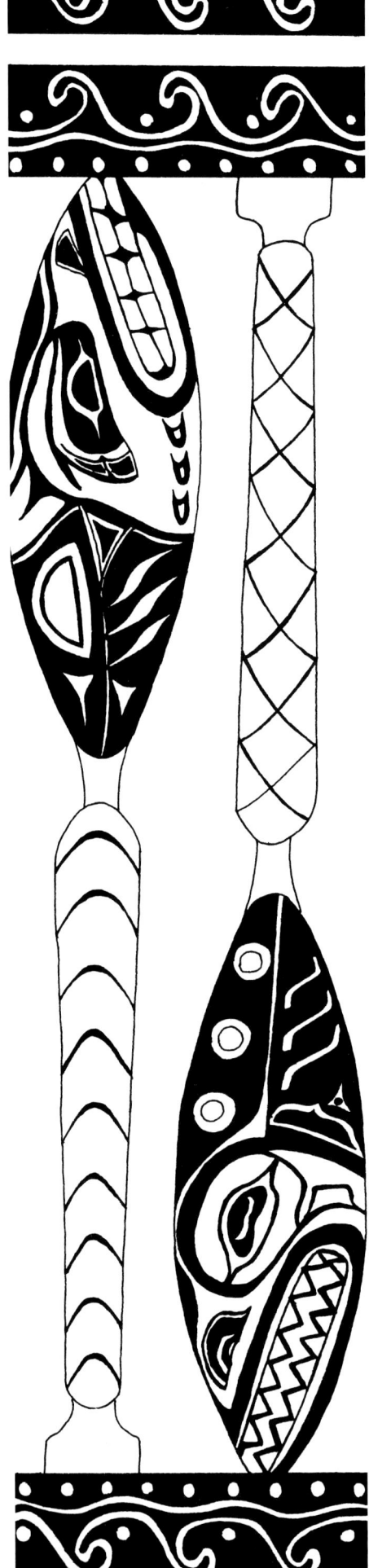

die Hirsche am Flußufer und an die Lachse, die schimmernd neben seinem Kanu in die Luft gesprungen waren. Die Reise, die er jetzt vor sich hatte, mußte er allein machen, ohne die Freunde und ohne das Lachen, und er würde nicht Halt machen, um zu fischen oder ein Nachtlager aufzuschlagen und die Morgendämmerung abzuwarten.

Es war Zeit zum Aufbruch. Am frühen Morgen schob er sein Kanu an demselben schmalen Strand ins Wasser, von dem er immer abgelegt hatte. Noch einmal schaute er sich um und sah die ersten Sonnenstrahlen in den Wipfeln der Kiefern rings um die Lichtung, auf der er einst vor langer Zeit sein Haus gebaut hatte. Dann schaute er hinab in den rollenden Nebel des Flusses, auf dem er jetzt abwärts trieb.

Das Wasser war ruhig und dunkel. Keinen einzigen Fisch konnte er entdecken. Hinter ihm stand seine Hündin am Strand und wartete darauf, daß das Kanu umkehrte und sie abholte. Aber da war nur Wahus winkender Arm, als das Kanu allmählich außer Sicht trieb.

Stunde um Stunde zeichnete das Kanu auf seiner Fahrt ein langgezogenes, ruhiges „V" hinter sich ins Wasser. Die Sonne stieg hinauf in den Mittag und wanderte einen langen Nachmittag hindurch nach Westen. Die Schatten wurden länger, es wurde kühl. Bald würde Wahu das Tosen der Stromschnellen hören. Noch nie war er so weit gefahren, aber er hatte von den Stromschnellen gehört, die zwischen den Felsen schäumten und spritzten. Ihr Donnern kündigte das Ende seiner Reise an.

Hohe Felsen kamen in Sicht. Sie waren das Eingangstor zu den ewigen Jagdgründen. Hier mußte er anhalten, und so steuerte er sacht das Kanu an den Strand. Drei Schattengestalten traten hervor.

„Bist du allein?" fragte der eine. „Es ist eine traurige Reise in die ewigen Jagdgründe, wenn man allein ist."

„Ich bin allein", sagte Wahu.

Aber er war nicht allein. Den ganzen weiten Weg war ihm seine Hündin gefolgt. Bald war sie dem Kanu hinterhergeschwommen, bald den Pfad entlanggerannt, der sich den Fluß entlangwand. In diesem Augenblick kam sie aus dem Wasser, schüttelte sich und sprang in das Kanu. Die Schattengestalten schoben das Kanu an, auf die Stromschnellen zu.

Sie brauchten nun kein Paddel mehr. Die Geister
würden das Kanu unversehrt durch die Felsen geleiten,
bis es das Lange Weiße Wasser des Himmels erreichte,
das in die ewigen Jagdgründe führt.

Worterklärungen

Bullenbrüller
siehe unter „Musik".

Donnervogel
Der Donnervogel ist ein riesiger Vogel, dessen Flügelschläge den Donner erzeugen und aus dessen Schnabel Blitze zucken. Kleinere Donnervögel begleiten ihn, und ihre Geräusche folgen ihm nach. Der Donnervogel bringt die Frühlingsgewitter und ist daher wichtig für das Wachstum des Getreides. Einige Völker wie etwa die Pawnee glauben, daß Donnervogels Stimme ursprünglich die Welt zum Leben erweckt hat.

Gau-wi-di-ne
Dies ist der Name der Irokesen für den Winter.

Go-hay
Go-hay ist das Irokesenwort für den jugendlichen Frühling.

Inuit
Mit Inuit bezeichnet man die Völker des hohen Nordens von Alaska bis Grönland, die Eskimos. Es gibt viele verschiedene Volksstämme der Inuit.

Irokesen
Der Name Irokese geht auf das Abenaki-Wort für „Echte Schlange" zurück. Traditionelles Siedlungsgebiet der Irokesen waren die Waldgebiete im Osten der USA, etwa dem heutigen Staat New York. Sie gehörten zu den Völkern, auf die die ersten europäischen Siedler trafen. Angehörige des großen Volkes der Irokesen leben heute in dreizehn Reservaten und Reservationen in den Bundesstaaten New York, Quebec, Ontario und Wisconsin.

Kojote
Kojote – manchmal auch Alter Mann Kojote genannt – war die Lieblingsgestalt vieler Geschichten der amerikanischen Urbevölkerung, vor allem der Prärievölker. Er hatte einen zwiespältigen Charakter, war einerseits ein einfallsreicher, unzuverlässiger Geselle, andererseits ein Held, der große Taten zum Wohl der Menschen vollbrachte. Zum Beispiel stahl er dem Feuer-Volk das Feuer und füllte die Flüsse mit Lachs. Er half auch bei der Schöpfung der Welt.

Krähenindianer
Der Name eines Volkes der nördlichen Prärie. Der Name, mit dem sie selbst sich bezeichnen, bedeutet Vogel-Volk, er kann aber auch den Vogel Krähe meinen.

Langes Weißes Wasser des Himmels
Dies ist einer der Namen für den Sternennebel, den wir Milchstraße nennen. Die Navajo sagen dazu Regenbogenbrücke.

Medizin
Für die Urbevölkerung Nordamerikas kann alles, was eine bestimmte Kraft oder Macht verleiht oder als heilig gilt, Medizin sein. Medizin kann heilen, aber auch anderen Zwecken dienen, wie zum Beispiel in der Geschichte von Donnervogel.

Musik
Musik ist wichtig für die Indianer. Trommeln, Kürbisrasseln, Bullenbrüller und Flöten sind die hauptsächlichen Instrumente. Ein Bullenbrüller ist ein federförmiges Stück Holz, das zischt und summt, wenn es an einem Band durch die Luft geschleudert wird. Flöten wurden für heilige Tänze benutzt und für Liebeslieder. Manche glaubten, sie könnten bei der Jagd das Wild anlocken.

Pawnee (sprich: po-ni)
Die Pawnee waren Präriebewohner. Ihr Name bedeutet Horn. Sie nennen sich so nach der traditionellen Haartracht der

Die Indianer Nordamerikas

Nordamerikanische Kulturzonen

NORDPOLARMEER

ARKTIS

Nordalaska-
Eskimos

Beringstraße-
Eskimos

Eskimos

Baffininsel-
Eskimos

GRÖNLAND

DAVISSTRASSE

Southampton-
Eskimos

SUBARKTISCHE ZONE

HUDSON
BAY

Labrador-
Eskimos

Tingit

BERINGSTRASSE

NORDWEST-
PAZIFIK

Tsimshian

Kwakiut

Westliche Waldland Cree

Plains Cree

Cree

HOCHEBENE

Schwarzfüße

Lakota
Sioux

Micmac

Krähen

PRÄRIE

ÖSTLICHES
WALDLAND

PAZIFISCHER
OZEAN

WESTKÜSTE

GROSSES
BECKEN

Dakota Sioux

Pawnee

Troquois

Navajo

Cheyenne

Cherokee

Papgo

Pima

SÜDOSTEN

SÜDWESTEN

GOLF VON
MEXICO

0   500   1000 km

—— Grenzen der Kulturzonen

Männer. Sie rasieren den Kopf an den Seiten kahl und benutzen Büffelfett, um das verbleibende Haupthaar hochstehen zu lassen wie ein Horn. Die Pawnee waren Bauern und geschickte Büffeljäger. Heute leben vier Gruppen von Pawnee in Süd-Oklahoma.

Pima
Die Pima lebten im heutigen Arizona. Sie waren Bauern und bauten Mais, Baumwolle, Tabak und andere Feldfrüchte an.

Prärie
Das flache Grasland zwischen Mississippi und Rocky Mountains nennt man Große Ebene oder Prärie. Viele verschiedene Volksstämme der Indianer lebten hier, unter anderem die Schwarzfußindianer, Cheyenne, Pawnee, Komantschen und Apatschen.

Nachdem im 19. Jahrhundert Pferde nach Amerika eingeführt worden waren, bestimmte die Büffeljagd das Leben der Prärievölker.

Rabe
Wie der Kojote ist auch der Rabe Schöpfer und Schelm zugleich. Die Völker im Nordwesten betrachteten den Raben als Schöpfer der Welt und Überbringer des Lichts. Er verschaffte den Menschen das Feuer und stahl für sie Lachs von den Biber-Leuten, die am Anfang den Lachs für sich allein in einem einzigen See hielten.

Sioux (sprich: su)
Das Volk der Sioux lebte in der Prärie und verkörpert wohl für viele die „echten Indianer": Sie lebten in Tipis, jagten den Büffel, ritten Pferde und trugen

Federschmuck auf dem Kopf. Einige Häuptlinge der Sioux wurden weltweit berühmt, wie Crazy Horse, Red Cloud und Sitting Bull.

Schwarzfußindianer

Das Volk der Schwarzfüße lebte in den Ebenen und Bergen des Westens. Ihren Namen verdankten sie ihren schwarzgefärbten Mokassins. Heute gibt es noch Schwarzfuß-Gemeinschaften im Norden Montanas und im Süden Albertas in Kanada.

Schwitzhütte

Die Schwitzhütte ist eine kleine kegelförmige Hütte aus dünnen Baumstämmen. Darin werden Steine im Feuer erhitzt und dann mit Wasser übergossen. Der Dampf, der von den Steinen aufsteigt, reinigt die Körper. Vor besonders wichtigen Anlässen – etwa einer Eheschließung – ging man in die Schwitzhütte. Der tiefere Sinn war der Wunsch, dem heißen Kern der Erde nahe zu kommen und so an Körper und Seele rein zu werden.

Tipi

Tipis sind die spitzen Zelte der Prärievölker. Sie bestehen aus Holzstangen, die mit Büffelhaut bespannt sind. Ein loses Stück Stoff dient als Eingang, der nach Osten gerichtet ist. Oft waren die Tipis wunderschön bemalt.

Totempfähle

Totempfähle gibt es nur im Nordwesten der USA. Es sind Holzpfähle mit eingeschnitzten Figuren, vor allem Tieren. Jedes geschnitzte Zeichen oder Lebewesen hat eine bestimmte Bedeutung: Der Mond steht für hohen Rang, der Grizzly für ungezügelte Kraft. Jede Familie hat ihr eigenes Totemtier, und daher gab es in jedem Dorf Bären, Biber, Rehe usw. als Totems. Kam ein Besucher, so ging er zu dem Haus, das dasselbe Totemtier hatte wie sein eigenes, und konnte erwarten, dort gastlich aufgenommen zu werden. Totempfähle sind oft über 15 Meter hoch und bunt bemalt.

Tul-ug-auk-uk

Dies ist das Inuit-Wort für Rabe.

Vier Himmelsrichtungen

Die vier Himmelsrichtungen hatten für die Indianer eine besondere Bedeutung. Osten, Norden, Westen und Süden hatten Namen und eigene Totemtiere. Viele der Behausungen, zum Beispiel das Tipi, hatten ihre Öffnung stets nach Osten.

Wapiti-Hirsch

Der Wapiti ist der größte Vertreter der Familie der Hirsche. Er ist scheu und schnell (bis zu 50 km/h). Im Sommer weiden diese Tiere auf hochgelegenen Bergwiesen, im Winter kommen sie hinab in die Prärie. Bei manchen Völkern glaubte man, Wapiti-Medizin sei ein wirksamer Liebeszauber.

Wigwam

Wigwams ähneln den Tipis, sind aber normalerweise kleiner. Die meisten sind kegelförmig, einige aber eher kuppelförmig. Sie werden aus Pfählen gemacht und mit Grasmatten und Rinde bedeckt. Die Völker im Osten bauten Wigwams.